사랑의 정의는 고양이

고운밤

프롤로그

내게 사랑의 정의가 되는 말이 있어요.

이를테면 고양이 라던가
이를테면 당신 같은 말이요.

-

시인 임현우

고운밤

* 책의 맞춤법과 작법은 작가 고유의 문체를 살리기 위해 따로 손보지 않았음을 알려드립니다.

차례

시인의 말 4

아둥바둥 8 고양이 전쟁 11 사랑을 담은 문장은 내게 어려워서 13

꽃말은 가린 채 16 수프를 좋아해 19 사랑삭제 22 사랑밖에 24

필사적인 26 아무래도 맞는 거 같다 28 도피처 30

작은 몸 안에 그렇게나 많은 사랑이 32

살아있는 동안 많이 사랑해야죠 34 순간 36 산뜻하게 살아가야죠 38

사랑을 말하지 않았던 순간도 41 눈빛들은 내게 빛으로 돌아오고 43

사랑이 남아있다 45 사랑할 준비 48 고양이의 사랑으로 50

가장 소중한 시간 52 사랑의 촉감 54 러브레터 56

사랑이 가득한 문장 58 ? 60 사랑을 멈추려 하지 마세요 62

사랑이 늘었다 64 사랑이 늦게 도착하는 오후엔 67

온통 재앙뿐인 밤 70 내가 유일하게 멈출 수 없는 일 73

영화 75 안부 77 사랑의 정의는 고양이 79 사랑은 계절처럼 81

나를 살아가게 하는 것들 84 사랑은 사랑으로 남겨둬야지 86

또 다시 사랑 88 오래도록 91 다행이라고 생각했습니다 94

나비 97 고양이는요 99 책과 책 101 사랑을 말하게 돼 104

경계 해제 106 사랑스러운 흔적 109 파리에서 로맨스 111

명도 113 사랑의 일 115 사랑은 제철이니까 117

꿈과 꿈 120 밝아지는 것을 멈춰 선 안 돼요 123

사랑 하나만큼은 버리지 말기로 125 덕 127 와락 129

당신에게 스며들고 싶은 날 131 좋은 습관 133

사랑은 조용한 것보다 조금 시끄러운 편이 낫죠 135 눈빛 138

굳이 문자 메시지를 두고 140

눈빛으로 사랑을 말할 수 있어요 142 시선 144

아둥바둥

5년 전 쓰였던 내 책엔
고양이가 부럽다는 말을 꺼내었던 적 있지
인간은 자신의 발자국 소리를 숨길 수 없고
자신으로부터 아주 조금도 도망칠 수 없지만

고양이는 자신의 그림자까지 속이고
모든 것에서부터 도망칠 수 있었지
여전히 나는 고양이가 부러워

내가 잃어버린 사랑의 모양
그 모양을 너는 알고 있니

잃어버린 것과 잃어버릴 것을
너는 상관하지 않는 걸까

새하얀 수염을 위로 세우고선
내게 우유를 달라고만 이야기하지

너는 고작 20년을 살지만
평생을 살 것처럼 살아가고 있잖아

사는 건 다 아둥바둥 이야

아, 고양이만 빼고 말이야

고양이 전쟁

꿈 속에 고양이 마을에서 깨어났다
푸른 눈을 가진 회색 고양이는 내게 말했다
이 투구를 껴 너도 전쟁에 참여해야지

고양이는 죄다 평화롭게 사는 줄 알았는데

그건 인간들이 만들어낸 헛소리야
우리는 투쟁하고 쟁취하지
너희들은 전쟁을 멈추려고 하지만
우린 그냥 계속하는 거야

고양이 군대들은 안개 낀 초원을 향해 돌격했다
무언가 내 머리로 날아와 투구를 쳤고
나는 창을 한 번 휘두르지 못한 채 쓰러졌다

잠에서 깨어나니
우리 집 고양이 찰스는 내 머리를 치고 있었다

'내게 간식을 줄 시간이야, 이제 그만 일어나'

사랑을 담은 문장들은 늘 내게 어려워서

사랑을 담은 문장들은 늘 내게 어려워서

사랑을 말하면 사랑은 저 멀리 달아나 있었다
이제는 사랑을 말하지 않아도 될 것만 같은데

사랑을 담은 문장들이 내겐 늘 어렵다

그렇게 조금씩 내가 사라지면서도
내 안의 사랑은 생겨난다

나는 도저히 사라질 수 없어서
사랑을 하는 사람이다

그런 것들은 당신에게
무책임하게 들릴 수 있다

손끝에 머물던 고양이의 숨
햇살 가득 남겨진 그림자
그렇게 나의 잠을 깨우는
수많은 사랑들

일어나 차를 내리고 글을 쓴다
바람이 유난히 불지만
집안은 따뜻하게 느껴지는
그런 날이다

꽃말은 가린 채

사랑은 약속이라 하는 것이 아닌데
우리는 약속이라 생각하며 사랑을 했을지도 모른다

사랑은 조심히 다뤄야 하는 거라고 배웠는데
당신에겐 조금 과감해져도 되지 않을까 하는 생각
당신과의 사랑은 처음이라
이내 마음을 고쳐 먹는다

상사화와 금작화
진달래와 능소화
무언가 사랑을 닮은 꽃들이라
우리는 이런 꽃들을 좋아했다

그렇게 꽃을 좋아하는데도
고양이가 꽃향기를 싫어할까 봐
식물을 방안에 두지 않는다

꽃은 너무 아름다운데
꽃말은 슬픈 것들이 많다

그래서 나는 꽃말은 가린 채
당신에게 꽃을 준다

꽃말은 물어보지 않아도
괜찮을 것이다

내가 사랑을 줄 때
이게 어떤 사랑인 건지
당신에게 알려주지 않은 것처럼

가끔 슬픈 사랑에도
우리는 여전히 아름다울 테니까

수프를 좋아해

사실 찰스는
수프만을 좋아하는 게 아니지
우유와 빵
부드럽고 유제품이 들어간 것들은 전부 좋아하고

늘 이런 걸 훔쳐먹다가 내게 걸린다
물론 이런 것들을 제대로 간수하지 않은
내 잘못이다
나는 늘 글쓰기에 정신이 팔려서
우유 뚜껑을 닫아 놓지 않거나
수프를 남겨놓곤 하니까

찰스는 고양이 치고는
흔적을 지우는 것에 익숙하지 않다

얼굴에 뭘 먹었는지
전부 다 묻어 있으니까

찰스와 나는 좋아하는 게 비슷하다

조금씩 사랑이 길어지는 날이었다

사랑삭제

누군가 내게 안부를 물어보면
행복하다고 말해야 할 것 같은 기분이 들어
꼭 그렇지 않은데도 말이야

발목을 잡던 사람들
손목을 이끌던 사랑들

그런 것들은 아름답기에
멀리서 봐야만 하니까

어릴 적 기억들이 삭제되는 순간들
사랑을 받은 적이 없다고 생각했는데
내가 그 사랑을 삭제해 버린 거면 어떡하지

아주 작은 사랑으로
미친 듯이 흔들리던 시절들

그런 사랑을 전부 담아내기엔
내 문장들은 너무나 소박해

사랑밖에

내가 할 수 있는 건 사랑 밖에 없어요.

그럼 당신은 모든 것을 할 수 있는 사람이군요.

필사적인

고양이가 우울증에 걸리지 않는다는
말은 거짓말이다
고양이도 감정을 느끼고
오래도록 혼자두면 외롭다
물론 대체로 그렇지 않아 보이겠지만
고양이는 그런 가면을 잘 쓰는 거니까

사실 사람들도 고양이처럼 살아가고
있는 건지 모른다
사실 아주 귀찮은 것들을 싫어하지만
우린 고양이만큼 당당하지 못하다

참치 통조림 하나를 얻으려고
애교를 부리는 고양이는
사실 아주 필사적으로 애교를 부리는 것이다

사람들은 이런 고양이의 노력을
잘 알지 못한다

아무래도 맞는 거 같다

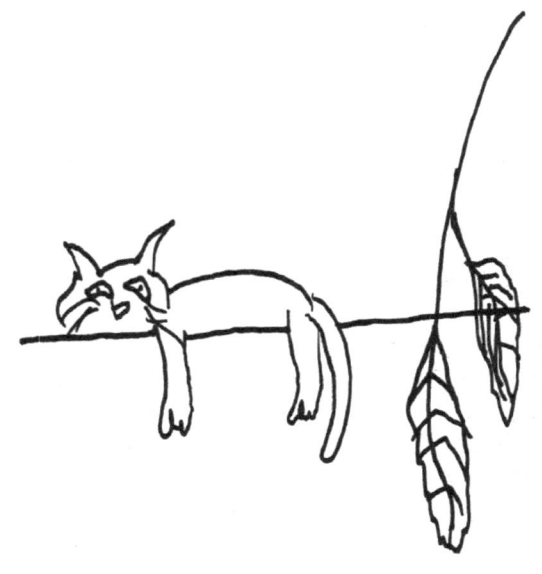

꽃잎이 떨어지고 또 떨어지는
마지막 잎새를 기다리는 조안나의 이야기는 슬프다
결말은 따뜻하지만 내겐 결말 전의 이야기들이
더 현실처럼 느껴지는 걸

이런 이야기들은
사랑이 없으면 쓰이지 않는다

내가 쓰는 글들도 나약하지만
결국 간절히 사랑을 말하고 있는 걸까

사랑을 하면 살아질 거란
당신의 말이

아무래도 맞는 거 같다

도피처

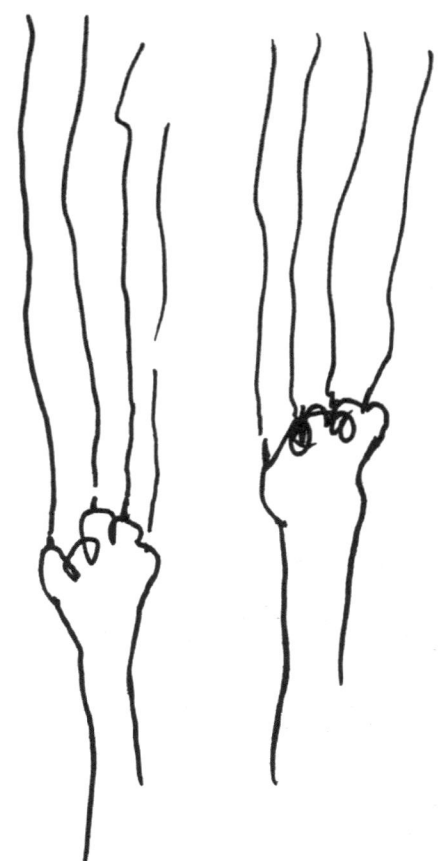

내 유일한 도피처는 사랑이었다
모든 것이 무너짐에도
사랑이 있다면 견딜 수 있다고 믿었다

사랑에는 무수한 종류의 사랑이 있지만
그 대부분의 사랑을 알지 못한 채로 살았다

아주 조금의 사랑만 남긴 채
그것들이 내 사랑의 전부라고 믿었다

-

도저히 익숙할 것 같지 않은데요
매일매일 사랑을 한다는 건요

사랑에 빠지면
자연스럽게 노력하지 않아도
사랑을 하게 된다

작은 몸 안에 그렇게나 많은 사랑이

여행을 가기 전 캐리어를 열면 찰스는 캐리어에 들어가 내가 짐을 싸지 못하게 하는 것을 즐기는 것 같다. 어쩌면 찰스는 내게 여행을 가지 말고 함께 있어달라고 표현하는 것일지도 모른다. 그런 것은 찰스가 내게 사랑을 표현하는 방식이다. 글을 쓰는 동안 찰스는 내게 다가와 몸을 하루종일 비비기도 한다. 어떻게 이 작은 몸 안에 그렇게나 많은 사랑이 담겨 있는 걸까.

살아있는 동안 많이 사랑해야죠

동백이 많은 섬엔
너무 많은 별들이 살아요
이곳에선 별을 피할 수 있는 곳이 없어요
그렇게 별을 바라보다가
별을 사랑하게 되는 일도
그렇게 피할 수 없게 되는 거예요

나는 울 수도 있고
별들은 울 수는 없어요

그렇다고 저 많은 별들이
모두 죽어있는 것 같진 않은데요

살아있는 동안 많이 사랑해야죠
저기 저 별들도
수많은 나무들도
나와 당신과
고양이도

순간

변하지 않으면 좋을 것 같은 순간들이 있다
나와 고양이의 시간들
어색한 사랑의 첫 순간
익숙해진 사랑의 순간

하지만 결국 변하는 것들이 있기에
우리는 그런 것들이 소중한 것을 아는 거 아닐까

과거는 과거가 되고
현재는 현재가 되는

그런 순간들은
잔인하면서도 아름답다

산뜻하게 살아가야죠

당신은 나와 너무나도 다른 생각을 하고 살아가지만
내가 좋다고 말했어요
나는 아직 이렇게나 내가 싫은데요
나 따위가 어떻게 사랑받을 수 있겠냐고
그런 생각을 자주 합니다

나는 배려 같은 건 잘하지 못하는 성격이에요
그렇다고 성격이 고양이처럼 매력적이지도 못하죠
어렸을 땐 미움만 골라서 받기도 했어요

미움받는 것은 불가피했죠
사랑받는 사람이 있으면
미움받는 사람도 있어야 하는 거라고
그렇게 살아야 했어요

산뜻하게 미소 짓고
산뜻하게 잠에 들면
가끔은 슬픈 기억들도
머릿속에 찬란하게 지나갈 때가 있어요

나도 사라지고
결국 당신도 사라지겠죠

온통 사랑했었던 기록만
이 책에 남긴 채로요

사랑을 말하지 않았던 순간도

자주 숨고, 자주 까칠해졌어요, 그게 고양이를 닮은 듯한데, 그렇다고 고양이만큼 매력적이지 못합니다. 나는 언제나 내가 인간이라는 사실을 언제나 직시해야 해요.

작업실에 오래된 원두를 갈아서 비닐에 묶어놓고, 새로운 원두를 넣어서 커피를 내렸습니다, 커피를 배워본 적은 없지만, 제법 맛은 사 먹었던 커피랑 비슷한 것 같습니다. 내가 이만큼 커피를 잘 내린다고 자랑하는 것은 아닙니다, 아마도 그런 건 기분 탓인지도 모릅니다.

살다 보니 두근거림이 줄어들게 되었습니다, 아마도 있었던 일이 다시 일어난 탓이고, 염치없이 소중한 순간들에 익숙해진 탓인 듯합니다, 그래도 순간을 소중히 여겨야 할 것이고, 상처받지 않으려고 사랑을 말하지 않았던 순간들도, 언젠가는 후회가 될지도 모릅니다.

눈빛들은 내게 빛으로 돌아오고

누군가의 눈빛을 오래도록 앓은 적 있습니다. 그 눈빛은 오래도록 다시 생각날 것이고, 사랑을 사랑으로 지우는 세상 사람들이 말하는 법칙과는 달리, 눈빛을 눈빛으로 지우는 일은 내게 불가능할 것입니다.

이 눈빛에 나는 오래도록 흔들릴 것이고, 이런 눈빛들은 내게 빛으로 돌아올지도, 모르는 일입니다.

왠지 꼭 그럴 것만 같습니다.

사랑이 남아있다

내가 살던 시골에서는 초등학교 3학년 때까지, 진달래반, 매화반이라는 이름을 학급 이름에 붙였다, 지금이면 몇십 년 된 이야기를 한다지만, 그곳에서는 오래된 일이 아니었다. 선생님은 수업을 하실 때, 내가 항상 인상을 찌푸린다고 혼내셨다, 나는 소극적인 성격이었던지라, 이유를 말하지 않고, 그냥 혼이 나는게 편했다, 사실 편하지 않았지만 별다른 방도는 없었다, 그렇게 혼이 나길 여러 번, 선생님은 방과 후에 나를 불러 이유를 물으셨다.

현우야, 선생님이 싫니?
그런 게 아니라.

사실 나는 시력이 좋지 않았지만, 할머니와 사는 빠듯한 형편에 안경을 사기엔 무리였다, 할머니는 내가 시력이 나쁜 지도 인지를 하지 못했었다. 사실 눈이 잘 보이지 않는다고 말했다, 선생님은 그날 나를 데리고 안경점을 방문해서, 내가 맘에 드는 안경을 사주셨다, 그 안경이 얼마였는지도 보지 않은 채로, 가장 맘에 드는 안경을 골랐다, 그리고 그다음부터 내가 수업을 들을 때 인상을 찌푸리는 일도 없었다. 그렇게 수업을 잘 들을 수 있으니, 선생님의 사랑도 더 선명하게 보였다, 물론 시험점수와는 별개의 일이었지만 말이다. 힘들고 어려웠지만, 나에겐 여전히 예전의 사랑이 남아있다.

사랑할 준비

할머니 나는 커서 시인이 될래, 시인이고 뭐시기고 공부나 열심히 하라고 그랬다, 어려서부터 내가 걱정이라고, 커서 도저히 뭐가 될 놈인지 모르겠다고.

그랬던 내가 어느새 시인이 되었다. 그럴듯한 대히트는 치지 못했지만, 그래도 이제는 많은 사람들이 내 시집을 읽어준다. 귀찮은 날을 제외하면 돈이 부족해서 끼니를 거르는 일도 없어졌다. 그렇다고 해서 걱정거리나, 힘든 것들이 사라지는 것은 아니지만, 이제는 나도 할머니한테 떳떳하게 시인이라고 말할 수 있다. 그리 대단하지 않은 시인 말이다.

할머니는 이제 내 소식을 들을 수 없는 곳에 있다, 그곳에서도 내가 쓴 시를 볼 수 있을지는 모르겠지만, 이렇게 할머니를 사랑한다고, 내가 쓴 글로 이렇게나 사랑받을 준비도 되었다고 적어본다.

고양이의 사랑으로

작업실이 생기고 카페를 가는 일이 줄었다. 커다란 카페머신을 가져다가 작업실에 놓은 탓도 컸지만, 요즘은 작업실과 집을 오가면서 글쓰기에만 몰두하고 있다. 내겐 글이 잘 써지려면 나만의 방식을 고집해야 한다. 모두가 잠에든 조용한 시간이어야 한다. 그리고 오로지 활자에 집중을 할 수 있어야 하고, 내가 글을 쓸 땐 고양이가 자연스레 나에게 기댄다. 그러면 완벽한 글이 나올 수밖에 없다.

어쩌면 나는 고양이의 사랑으로 글을 쓰는 거라고 생각했다.

가장 소중한 시간

뭐든지 버리지 못하는 성격이다. 이사를 나올 때, 챙겨 갈 수 없어서 오래 쓴 나무 책상을 버린 적이 있다. 폐기물 스티커를 붙이고 밖에 내놓았는데, 어떤 할아버지가 와서 나무 책상을 가져갔다. 아무렇지 않을 줄 알았는데, 괜히 공허함에 책상이 다시 보고 싶어졌다. 책상이 보고 싶다는 웃긴 말도 없을 것이다. 그렇게 물건마다 이유를 붙여버린 탓에, 버리지 못하고 쌓아놓은 것도 많아졌다.

하물며 물건도 이러는데, 내게 사람과의 관계도 더욱 그랬다, 버려지기 전까지 나는 어떤 관계도 버리지 못했다. 그런 나의 성격은 늘 내게 치명타였고, 이제는 사람을 만나는 것을 줄이고, 조용히 고양이들과 시간을 보낸다, 내게는 그런 시간들이 가장 소중한 시간이다.

사랑의 촉감

분명 보고 있지만

만질 수도 잡을 수도 없는 것들이 있다

내겐 사랑이 그랬다

사랑을 보고 느낄 수 있지만

사랑엔 촉감이 없다

사랑에도 촉감이 있다면

사랑 때문에 불행한 사람들도 줄어들까

그건 아닌 것 같다

사랑은 사랑이기에

그것만으로 아름다운 거다

사랑을 만질 수 있다면

사랑은 그것만으로

사랑이 아닐 수도 있는 것이다

러브레터

러브레터를 쓰다 고양이가 달아나버렸다. 찰스에겐 그런 공간이 지루해져 버린 탓이다. 찰스에겐 사랑이 이렇고 저렇고가 중요한 게 아니라, 츄르를 먹을 시간이 되었다는 것이 중요한 거다, 나는 그런 매우 중요한 사실을 잊어버린 채 편지를 쓰거나, 글을 쓰기도 하니까, 집사로서 실격인 것이다.

펜을 내려놓고 왼손으론 츄르를 들었다. 찰스는 나에게 화가 난 표정으로 캣타워에서 내려와 내 왼손에 있는 츄르를 맛있게 먹고, 멋지고 하찮은 뒤태를 뽐내며 다시 캣타워로 올라갔다. 찰스는 마치 내게 이렇게 말하는 것 같았다.

"흥, 다음번엔 간식 시간을 어겨서 나를 곤란하게 만들지 말라고"

사랑이 가득한 문장

조금은 소외된 문장들을 쓰는 것을 좋아합니다.
조금은 사랑이 빠져있는 슬픈 문장 같은 거요.
그렇게 슬픈 문장들을 쓰다 보면,
대게 많은 사람들은 공감을 하지 못합니다.

어쩌면 슬픈 문장들을 좋아하거나
쓰는 사람들은
죄다 사랑이 필요한 사람들일까요,
그렇게 생각에 빠지게 되었습니다.

결국 문장 속에 사랑이 빠져있어도,
사랑이 필요합니다.

사랑이 가득한 문장들을
언젠가는 나도 쓸 수 있을지도 모를 일입니다.

?

이쯤 되면 눈치채셨을지도 모릅니다,
이 시인이라는 작자는
일반적인 작가인척 하면서
살며시 사람들에게 스며들어와
고양이를 제목에 들이밀어서
당신은 어쩔 수 없이
책을 읽게 되었을 것입니다
당신은 이렇게 생각할 것입니다
귀여운 고양이를 구경하러 왔지,
고양이 이야기나, 사랑 이야기를 적은
시집 같은 걸 읽으러 온 게 아니라고요.

어찌 되었건 당신은
이 이야기에 우연히 스며들게 되었고,
나는 이렇게 우연히 마주친 당신이
마음에 듭니다.

사랑을 멈추려 하지 마세요

필요 없는 감정들을 줄이고, 사랑을 늘려야 할까요, 어쩌면 사람에게 필요 없는 감정은 없을지도 모릅니다. 불행이나 슬픔 같은 사람들이 말하는 좋지 못한 감정들을 느껴본 사람들이 행복이나 기쁨 같은 것을 더 생생히 느낄 수 있을 것입니다.

누군가 내게 사랑에 빠지는 건 위험한 행동이라 했지만 나는 사랑만으로 평생을 살아갈 수도 있다고 말했습니다.

아직 사랑이 도착하지 않았다고 말하는 사람에게는 사랑이 조금 늦을 수도, 어쩌면 많이 늦을 수도 있겠지만, 스스로가 사랑을 멈추는 것을 단념하지 않는다면, 사랑은 반드시 올 거예요.

그러니, 사랑을 멈추려 하지 마세요.

사랑이 늘었다

사랑과 사랑을 겹치면 어떤 사랑이 보이게 될까
사랑은 사람과 닮았다
사람이 없으면 사랑을 하지 못하고
조금의 사랑이 없으면
사람과의 관계는 오래 지속되지 못한다
사람은 반드시 사람과 함께 있어야 하는 걸까
그런 생각을 하자니
오랜 시간 혼자였던 내가 불쌍해졌다
더군다나 그땐 내게 고양이도 없었다
얼마나 쓸쓸했을지
상상이 가는가
겨울의 냄새가 희미해진다
고양이들을 뒤로 한채
급한 업무로 서울로 향했다
전철 안엔 햇살이 들어왔고
그렇게 싫어했던 햇살이
왠지 따뜻하게 느껴졌다

쓸쓸한 기억들을 이제는 나도
멀리서 쓸 수 있게 되었고

내 안에 있는 사랑이 늘었다

사랑이 늦게 도착하는 오후엔

사랑이 늦게 도착하는 오후엔 조금 빨리 일어나서
사랑을 기다리도록 한다
언젠가 삶이 내게 사랑하는 것을 멈추라고 했는데
나는 조금 멀리 나아가기로 했다

내가 온통 사랑을 쏟았던 곳에
사랑이 존재하지 않을 때
그런 것은 꼭 내게 환상이었다

아무런 의미도 없이 사랑했냐고 물었다
꼭 그렇지만은 않다고 말했다
-

종종 고양이가 되어서
지붕 위를 가벼운 발로 뛰어다니는 상상을 한다
몸을 굴려 사랑을 받고
먹이를 얻어내고
또다시 어딘가로 달아난다

이렇게나 자유로운 존재들인데

차가운 날씨 앞에선
고양이들도 많이 살아남지 못한다

내가 사는 섬엔 오늘 눈이 많이 쌓였다
눈은 예쁘지만 오늘따라 녀석들이 걱정이다

온통 재앙뿐인 밤

겨울딸기를 깨끗이 씻는다, 딸기를 깨물어 먹고 티브이를 본다, 늘 찾아보는 프로그램은 없어도, 티브이 소리에 집중한다. 가끔은 내가 쓸모없게 느껴져도, 그런 건 내가 세상을 살아가는 것에 대해 치명타가 아니라고 했다.

세계 경제가 어떻고, 이번엔 어디서 어떤 어마어마한 바이러스가 나왔고, 세상엔 너무나 많은 재앙들이 펼쳐지지만, 그 재앙은 나에게 닿기까지 시간이 걸린다, 어떤 재앙은 도착하지 않았고, 어떤 재앙은 내게 재앙이 아닐 수도 있는 거다.

메일 알람이 울렸다. 독자들에게 이메일 구독 서비스를 보내던 플랫폼으로부터 온 메일이었다, 플랫폼이 해킹당해, 내 개인정보들이 유출되었다는 메일이었다, 이런 건 정말로 재앙이 아닐 수 없다, 급하게 중요한 정보들을 변경했고, 더 이상 걱정을 해봐야 내게 달라지는 것은 없었다.

너무나 먼 재앙이, 너무나 가까운 재앙이 그렇게 존

재하고, 내가 느끼는 감각들이 온통 재앙뿐인 밤에는 오래도록 찰스를 쓰다듬어야 했다.

내가 유일하게 멈출 수 없는 일

사랑을 사랑하는 일

영화

너무나 아름답고 사랑스러운 영화를 보면, 그 영화가 너무 빨리 끝나버려서 아쉬울 때가 많았다, 나는 끝나는 사랑이 영화 같다고 여겨졌고, 지속되는 사랑은 계속 틀어놓은 영화 같다고 생각했다. 그 영화를 생각날 때마다 꺼내본다면 익숙해지기도 하지만, 끝내 마음속에 남아, 계속 생각나는 아름다운 영화처럼 말이다.

여전히 우리의 영화가 끝나지 않길 바라본다.

안부

눈이 부시게 아름다운 것들을 향해 걸었어요,
지나간 것들은 내게 가끔씩 묻는 안부같아서,
다정을 향해 자꾸만 기울었어요.

봄과 가을이 줄어들거래요,
봄과 가을을 사랑하는 사람들의 사랑은,
줄어들지 않았으면 좋겠어요.

가끔은 슬픈 일이 생겨도,
우리는 아무렇지 않은 척,
걸어가야 하죠.

모두가 그렇게,
어렸을 때를 그리워해요,
아이들은 우는게 자연스럽지만,
우리는 자연스럽게 울지 못하잖아요.

하지만 가끔씩 울어도 괜찮아요.
가끔은 아이처럼 되어버려도 괜찮으니까,
우리가 사랑하는 일도 멈추지 않았으면 좋겠어요.

사랑의 정의는 고양이

오늘도 나는 사랑으로 깨어났어요
찰스는 내가 잠에 들면 나를 깨우려 하지 않지만
가끔씩 나를 핥다가 깨워요

오늘은 슬픔을 들키고 싶지 않은 날이라서
집에서 머무르기로 했어요

내가 슬픔이 많아지면
사람들은 곤란해지니까요

집에서 슬퍼해도
찰스는 내가 슬퍼하는 걸
잘 알지 못하지만

고양이는 그 존재 자체만으로
내게 위로가 됩니다

사랑의 정의는 고양이라고
고양이를 사랑이라고 부를 수도 있다고
그렇게 말해봐요

사랑은 계절처럼

수도꼭지를 다 잠그지 않았더니
찰스는 수도꼭지에 흐르는 물을 마시고 있었어요

오늘도 무수히 많은 눈이 내렸고
찰스와 나는 집에 있어서 다행이라고 생각했어요

새벽엔 조금 쌀쌀했지만
난방을 키니
방은 금새 따뜻해집니다

찰스는 따뜻한 우유를 마셨고
나도 따뜻한 차를 마셨어요

우리에겐 따뜻한 집이 있어 다행이었고
창문으로 보이는 눈은 예뻐 보였어요

하지만 이내
섬에서 사는 고양이들이 걱정이 들었어요
이렇게 추운 겨울을 모두가
잘 견딜 수가 있을까요

계절은 그렇게 순식간에 사라져가고
산뜻한 기분은 계속해서
우리를 찾아올거에요

사랑은 계절처럼
다시 돌아올거구요

나를 살아가게 하는 것들

고양이, 나를 스쳐 지나간 추억들, 여름에 지나간 사랑, 겨울 숨, 사랑받고 싶은 습관, 내가 읽어온 시집, 내가 써온 시집, 할머니와 살았던 문경의 빈집, 나를 안도하게 만드는 것들, 사랑을 떠올리게 하는 것들, 손과 손을 잡으면 느껴졌던 온도.

그렇게 나를 살아가게 하는 것들

사랑은 사랑으로 남겨둬야지

사랑과 사랑을 엮어서
또 다시 사랑을 만들어야지

누군가 사랑이 필요하다고 말하면
그 사랑을 줘야겠지

그렇게 내 사랑이 필요 없다고 말해도
사랑은 사랑으로 남겨둬야지

또 다시 사랑

술집에서 치킨을 시킨 밤
벽을 응시합니다

벽에는 잔뜩 사랑이 적혀 있습니다
사랑을 이룬 사람들

이 중에 아직 사랑을 진행 중인 사람은
거의 없을 거라고
그렇게 중얼거립니다

사랑에 익숙하다 보면
혼자가 편해지고

혼자가 편해지다 보면
우리는 다시 사랑이 그리워질 겁니다

나는 조용히 치킨을 먹고
또 다시 사랑이 적힌 벽을 응시합니다

사람들의 말로 술집은 가득 차고

나는 집으로 돌아가는 길에

찰스가 좋아하는 우유를 잔뜩 사갈 것입니다

오래도록

할머니와 살았던 문경의 집은
오랫동안 빈집이 된 채로 허물어졌습니다
그곳 지하에는 고양이 가족이 살았었고
인간의 생보다도 짧은 생을 사는 고양이는
오래도록 행복하게 살았을 것입니다

오래도록 잠에 들었었는데
잠에서 깨어나니
소년기가 다 지난 기분이 들었어요

내 시에 등장하는 사람들은
내가 사랑했던 사람들일 겁니다

오래도록 잠을 자다가
할머니와 약속을 지키지 못했어요

할머니는 오래도록 소년기에 남아있고
나는 그렇게 오래된 소년이 됩니다

소년기는 지났지만

여전히 소년입니다

오래도록 사랑이 남았던 문경을
여전히 나는 기억합니다

다행이라고 생각했습니다

오늘 나와 만나서 함께 시를 쓰지 않을래요, 그렇게 어색하게 당신을 불러냅니다, 산이 근처에 있는 우리 집에선 새소리로 아침을 맞이합니다. 새소리가 들리지 않는 날은 분명 비가 오는 날입니다. 섬에 내리는 비는 거세어서, 많은 사람들이 달가워하지 않지만, 비가 내려야 농사도 풍작이 될 것입니다.

당신이 준 다육이 식물이 죽어버렸습니다. 물을 많이 주어 뿌리부터 썩어버렸는데, 내가 너무 사랑을 많이 쏟아버린 탓인 듯했습니다, 뭐든지 과하면 독이 된다 했고, 그렇다고 내가 당신에게 사랑을 쏟는 일은 멈출 수 없는 일인 듯했습니다.

해가 있는 쪽으로 얼굴을 돌렸고, 우린 그렇게 아침을 먹고, 점심을 먹자는 약속을 잡았습니다.

왜인지 비가 오는 날에는 바다가 길게 보였고, 새가 울지 않는 날에는 상쾌하게 깨어나지도 못했습니다. 만나서 함께 시를 쓰자 했지만, 내가 문장을 쓰면 당신은 늘 읽는 쪽이 되어버렸고, 당신이 내게 첫 번째

독자라, 독한 혹평을 받지 않아서, 그리고 많이 사랑받을 수 있어서 다행이라고 생각했습니다.

나비

할머니는 찰스를 나비라 불렀어요

아무리 찰스의 이름을 알려줘도
찰스는 어느새 나비가 됩니다

할머니는 자주 찰스의 안부를 묻고
나비는 잘 지내냐고 묻습니다

노란 고양이 찰스는
가끔 날개가 달린 것처럼
온 집안을 날아다니기도 하니까

나비도 맞는 이름이라는 생각이 들었습니다

고양이는요

사랑과 사람은 비슷하게 들려요
사람 없인 사랑을 할 수 없고
사람은 사랑 없이 살 수 없어서 일까요

그럼 고양이는요

뜬금없이 고양이를 들이민다고
생각하지 마세요

사랑스럽잖아요

책과 책

나를 이해할 수 없어도 사랑해 주세요
이렇게 당신에게 말할 것입니다

그런데 그 말이 꼭
고양이가 하는 말처럼 들리지 않나요
나를 이해할 수 없어도
나를 사랑해야 한다는
그런 말처럼요

하지만 나는 고양이처럼 귀엽지 않습니다
그런데도 나를 사랑해 주니
고마울 따름입니다

우리가 사랑했던 흔적들은
내가 쓰었던 책과 책 사이에 담겨 있고

가끔은 당신이 왜 내 곁에 있냐며
이해할 수 없는 생각에 잠기기도 할 것입니다

당신은 내 슬픈 표정을 견딜 수 있는

유일한 사람이기도 합니다

사랑을 말하게 돼

각자 다른 방식으로 우리는 사랑을 해
고양이가 우리를 사랑하는 방식
내가 당신을 사랑하는 방식
당신이 나를 사랑하는 방식

각자 다른 방식이지만
우리는 결국 온통 사랑을 말하게 돼

경계 해제

너무 아름다운 것은 위험하다

내게 사랑은 위험한 것이었다

사랑을 입에 가득 베어 물면
당신은 사랑이 제철이라고 말했다

손차양 사이로 쏟아지는 사랑이 두려웠다
나는 사실 사랑에 익숙했던 사람은 아니었으니까

사랑을 받아보지 않았던 사람이라
아주 작은 사랑도 두려웠으니까

모든 걸 경계하는 고양이처럼
아주 조심스레 사랑을 대했다

그렇게 당신에게 받았던 사랑은 싫지 않은지라
처음으로 사랑이 두려워지지 않는 법을 배웠다

빛을 피하며 지냈던 나는

이제는 빛을 받으며 사랑의 문장을 적는다

나는 여전히 사랑을 알아가고 있고
사랑은 내가 누구인지
잘 알고 있다

사랑스러운 흔적

샌드위치를 만들고 탁자 위에 잠깐 두고 나면
조그마한 입자국이 샌드위치에 남아있다
범인은 찰스다
그렇게 찰스가 먹었던 샌드위치를 먹으며
작업실로 갈 준비를 한다
그러다 문득 생각한다
찰스가 나와 영원히 살 수 있다면
정말 좋을 텐데
무엇이든 영원을 기리는 건 어리석은 걸까
내가 사랑을 쏟은 것들은
모두 영원했으면 좋겠다
우리가 결국
세상에 흔적이 되어도
사랑스러운 흔적이 되었다고
그렇게 말을 하면서

파리에서 로맨스

외국에서 길을 잃는 것을 좋아합니다. 길을 잃으면 계획에서 없었던 새로운 예쁜 것들이 많이 보이고, 길을 잃다가도 어느 순간 제대로 길을 찾아가고 있으니까요.

파리에서 걷다가 길을 잃었고(물론 길을 정말 잃었기 때문에 어디인지는 정확히 설명할 수 없지만) 배가 고파져, 일식당에 들어갔습니다. 그곳에선 한국에서 우리들이 아는 일반적인 일식을 파는 것은 아니었지만, 쌀과 치킨이 있다는 것만으로 내게 안도감을 주었습니다.

식사 중에 꽃다발을 잔뜩 든 할아버지가 문을 열고 들어와, 식당 안에 모든 여성들에게 꽃을 선물로 나누어주었습니다. 물론 남자인 저는 빼고요. 꽃을 받은 여행객 여성은 갑자기 얼굴이 빨개졌고, 식당 안에 있던 모든 여성들은 행복해졌습니다.

꽃다발을 든 할아버지는 사람들에게 행복과 사랑을 주는 사람이라고, 내 기억 속에 오래도록 남아 있습니다. 어쩌면 우리도 주변에 있는 소중한 사람들에게 생각보다 쉽게 사랑을 줄수도, 쉽게 사랑을 받을수도 있겠습니다.

명도

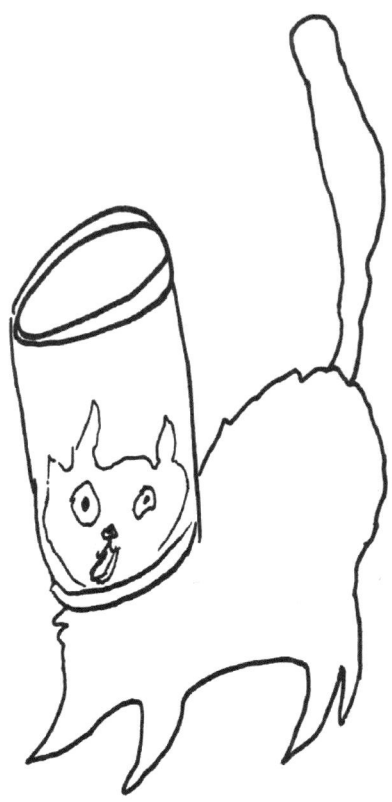

사랑스러운 문장을 쓰면
그 문장을 많은 사람들이 나누어가지게 될 테니까
사랑스러운 문장을 오래도록 고민했어요

언젠가 깨어지겠죠 내가 쓰는 문장들은
작고 희미해지는 문장은 얇은 유리 같아요

나는 빛을 쪼개고 걸었어요
찰스는 빛을 밟고 사뿐사뿐 걸었고요

선명하고 흐릿해지고
흐릿해지고 선명해지는 건

꼭 사랑하나만은 아니래요

흐려지지 않으려고 노력하는 건
너무 애처로워서

우리는 함께 흐려지면서
흐려지는 사랑을 해요

사랑의 일

사랑이 어렵다는 사람에게 사랑을 쉽게 주려고 했어
사랑은 사람과 사람 사이에서 흘러서
사람이라는 매개체 없이는
사랑은 전달될 수 없다는 이야기

다 전하지 못한 사랑은
꿈에서 남겨놓을게

당신을 꿈에서 보았다는 거짓말
고장난 문장들이 오래도록
사랑을 괴롭혔고
사랑에는 촉감이 빠져있었어

우리들 정원에는 사랑이 부족해서
사랑을 촘촘하게 키우는 중이야

사랑을 주는 건 나의 일이고
사랑을 받는 건 너의 일이야

사랑은 제철이니까

사랑을 사과처럼 깎아서 입에 넣어주었다. 당신은 사랑이 아직 제철이 아니라고 말했고 나는 지금이 제철이라고 말했다. 내가 사랑하는 사람이 나를 사랑할 확률은 얼마라고 생각해.

-

사랑과 사랑이 겹칠 확률은 어렵다. 죽을힘을 다해 서로를 사랑하는 것도 어렵다. 그러니 사랑이 겹칠 땐, 최선을 다해야 한다.

당신을 사랑할수록 혹여나 당신에게 내 불행이 묻지 않을까, 나를 닮아가는 당신이 내 불행마저 닮아가지 않을까 하고 겁이 났다. 나쁜 쪽은 항상 나여야만 하는데, 착한 당신이 나쁜 생각을 하게 될까 걱정했다.

하지만 우리 사랑해야지,
우리가 가진 모든 사랑을 소모해야지.

나는 사랑이 부서지지 않게 사랑을 조심히 안았다.

소모되어 가는 사랑은 아름답다. 분명 소모되지만 사랑은 사라지지 않는다, 그러면 조금은 다른 표현을 써야 하는 걸까.

사랑과 사랑이 겹칠 때,
우리는 열심히 사랑해야지,
늘 그렇듯 사랑은 제철이니까.

꿈과 꿈

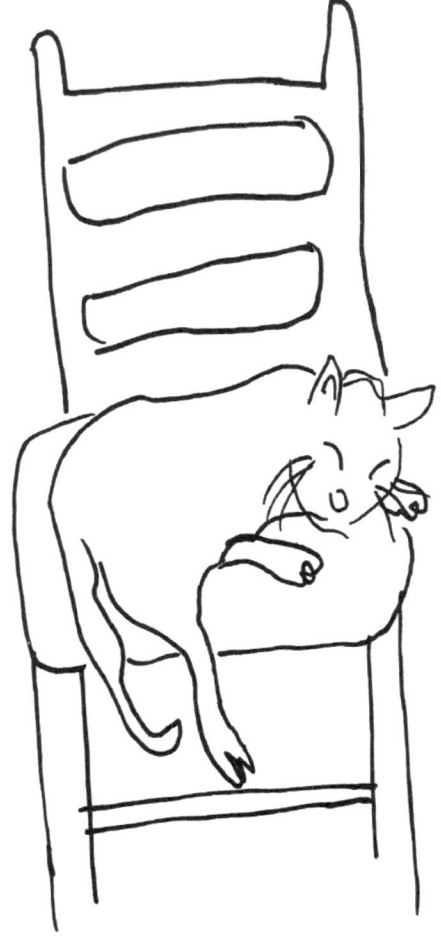

네 꿈에서 내 꿈으로 건너오지 않을래
당신과 나 그리고 찰스
모두 꿈에서 만났으면 좋겠다

잠결에 스친 사랑은 여전히 달콤하다
꿈에서 깨어나는 일은
왠지 조금 슬픈 것 같다

고양이들은 잠을 자지 않아도
사람들의 꿈 속으로 들어갈 수 있다
고양이는 영혼을 보는 존재이니까

많은 꿈들을 찰스와 놀았다
악몽을 꾸어도 찰스가 나오면
별로 무섭지 않았다

찰스가 거대해져
크고 날카로운 손톱으로 나를 할퀴어도
별로 무섭지 않았다

꿈에서 깨어나면
찰스에겐 통조림과 그리고 나

그게 전부일테니까

밝아지는 것을 멈춰 선 안 돼요

마음가짐을 산뜻하게 가져요
사랑하기에 너무 늦어버린 것은 없어요

사랑하길 멈추지 말아야 하고
사랑을 받지 못했다고
사람을 미워해선 안되죠

조금 더 오래 머물고 싶어요
사랑의 꽃말을 잔뜩 모아두고서

다정한 사람에게 들려주고
우리 집 담벼락에 놀러 온
고양이에게도 들려줄래요

조금씩 우리는 아름다워지는 중입니다
세상은 자꾸만 어두워지니까
우리는 밝아지는 것을 멈춰 선 안 돼요

사랑 없인
어두워서 아무것도 볼 수 없어요

사랑 하나만큼은 버리지 말기로

세상이 조용해지면
사람들은 이제 사랑이 얼마 남지 않았다고 말했어요

조금씩 잊히는 사랑은 아파요
수많은 이름들이 그리워지고
그중 가장 그리운 건 당신이겠죠

내가 당신에게 도달할 수 있는
사랑의 길이를 재어봐요
내가 그리운 만큼
당신도 그리운가요

많은 것들이 버려지지만
사랑 하나만큼은 버리지 말기로 해요

덕

치열했던 사랑의 문장들
사랑에게 언제 오냐고 묻는 것은 의미가 없었습니다

커튼을 열고 커튼 사이로 비치는 따스한 햇살
사랑을 기다리기 좋은 날씨입니다

찰스는 내게 다가와 다리에 몸을 비비고
창문 밖에 따스한 풍경을 바라봅니다

언제까지고 우린 행복할 수 있을까요
언제까지고 우린 행복하고 싶습니다

사랑을 몰랐던 것처럼 사랑하고
당신을 사랑하는 덕에
소리 내어 우는 일도 줄어들었다고
그렇게 말해주고 싶습니다

와락

와락! 하고 찰스를 안았다
와락! 하고 사랑을 안았고
와락! 하고 하늘도 안아보았다

사랑이 모자라서
사랑을 안았다고 말하지 않았다

당신에게 스며들고 싶은 날

하루종일 비가 떨어지는 날씨에
꽃잎도 떨어졌다

고양이들은 비를 피해
남의 집 담벼락을 넘는다

내 사랑이 떨어진 자리에도
비가 내린다
사랑이 번진다

비가 오래도 내리는구나
비가 세상에 스며들 듯

나도 당신에게 온통
스며들고 싶은 날이다

좋은 습관

거울 속 동공에 비친 당신의 모습은 작았지만, 내겐 당신은 커다란 세상이었습니다. 나는 당신의 웃음을 좋아했어요, 당신의 웃음은 좋은 습관 같았습니다. 당신은 항상 나를 보며 웃었어요, 나는 당신의 작은 습관들을 사랑하느라 스스로를 사랑할 시간도 없었고요, 당신을 많이 사랑했다는 변명 정도로 생각해 주세요. 주말 연극이 끝나면 우리 손을 잡고 뒷문으로 나갔죠, 손질한 머리를 온통 헝클어트리고 우리 떨리는 입술을 서로 맞추고선 떠들썩한 극장이 고요해질 때까지 서로의 심장소리에 집중했어요, 심장소리가 희미하게 기억나는 지금, 당신은 잘 지내나요?

사랑은 조용한 것보다
조금 시끄러운 편이 낫죠

나는 당신을 바라보는 것보다
당신을 읽는 게 좋아요

사랑은 조용한 것보다 조금
시끄러운 편이 낫죠

난관을 뛰어서 넘는 것보다
바다에 풍덩 빠지는 게 좋겠어요

나의 발걸음은 조금 느리지만
당신의 발걸음과 맞춰서 걷는걸
나는 좋아했어요

우리가 버렸던 것들은
다시 줍지 않기로 해요

그저 우리는 아름답게
사랑했었다고 말해요

나는 당신을 사랑하는 거 말고는

할 수 있는 게 아무것도 없었다고 말해요

눈빛

당신의 눈을 보면
당신의 눈빛에 나는
모든 걸 걸고 싶어 져요

떨어진 행복을 줍지 않아도
바람 잘날 없이 불행해도

우리는 사랑을
사랑이라 부를 수 있으니까요

그렇게 나의 말들이
온통 당신을 향하게 되었을 때

아름다운 한 편의 시가
만들어지는 거예요

굳이 문자 메시지를 두고

우리의 세상은 너무 발달되었고, 손으로 무언가를 쓰는 일도 자연스레 줄어들었습니다, 나는 사랑하는 사람에게 편지를 쓰는 것을 좋아하곤 했는데, 편지를 써서 그 사람에 집에 보냈을 땐, 문자 메시지를 보내면 될걸 왜 편지를 쓰냐고 빈축을 사기도 했지만, 직접 손으로 편지 위에 그 사람에게 글을 쓰는 행위가 즐거웠습니다, 편지를 쓸 때는 온전히 그 사람만 생각할 수 있습니다, 그리고 글씨를 쓸 때 나는 글씨를 잘 쓰지 못하여, 조금 더 제대로 쓰려고 한 글자 한 글자 눌러쓰는 버릇이 있는데, 이것이 조금 더 마음의 진정성을 보여주는 것이라 생각합니다, 물론 그런 섬세한 부분까지 사랑하는 이가 눈치 채진 못하겠지만, 나는 나만의 방식으로 온 마음을 다해 사랑을 하는 일이 좋았습니다, 그래서 나는 굳이 문자 메시지를 두고 굳이 편지를 썼습니다, 굳이 사랑을 하기 위해서요, 내겐 그런 일들이 전부 같이 느껴졌습니다.

눈빛으로 사랑을 말할 수 있어요

아이스크림이 녹아내리던 여름
사랑의 농도는 점점 진해지고

입술에서 아무 말도 하지 않은 채
우린 눈빛으로 사랑을 말할 수 있어요

누가 먼저 고백은 하지 않았지만
너무나도 자연스럽게 우린 연인이 됐잖아요

능소화를 책갈피로 만들어서
우리의 사랑이 새겨진 페이지에 꽂았죠

발걸음이 느려도 발걸음을 서로 맞춰 걸었고
우산도 없이 우린 비 맞는 걸 좋아했어요

아이스크림이 녹아내리던 여름
사랑의 농도는 점점 진해지고

입술에서 아무 말도 하지 않은 채
우린 눈빛으로 사랑을 말할 수 있어요.

시선

사랑의 정의는 고양이

사랑하는 것에
더욱 시선이 간다는 말은
도무지 맞는 말이다

나는 온종일
우리 집 고양이만 바라보고 있다

사랑의 정의는 고양이

발   행 | 2025년 3월 5일
저   자 | 임현우
삽   화 | 임현우
편집자 | 진심
펴낸곳 | 고운밤

출판 등록 | 2025. 02. 05(제 651-2025-000009호)
　　ISBN | 979-11-991581-1-5(05810)

ⓒ임현우

본 책은 저작자의 지적 재산으로서 무단 전재와 복제를 금합니다.

* 잘못 만들어진 책은 구입처에서 교환해 드립니다.